애도의
이해와 개입

일러두기

본 위기개입워크북과 매뉴얼에 제시되는 사례는 효과적인 교육과 훈련을 위해 집
필진이 구성한 가상 사례이다. 현장에서의 실제 위기개입의 예를 보여주는 위기개
입동영상은 출연진으로부터 저작과 영상물 이용에 대한 동의를 받아 제작하였다.

On - Scene Crisis Intervention

현장에서의 위기개입

Grief

_____

_____

_____

_____

_____

_____

목 차
Contents

애도의 이해와 개입

상실과 애도의 이해

상실(Loss)

Life will eventually require us to relinquish
every human relationship we hold dear.

All changes involve loss,
Just as all losses require change.

모든 상실은 변화를 요구하고,
모든 변화는 상실을 포함한다.

상실의 유형(Mitchell & Anderson)

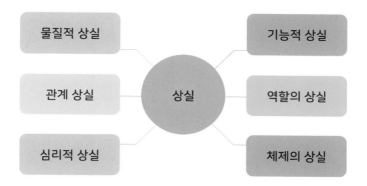

_____

_____

_____

_____

_____

_____

사별의 유형

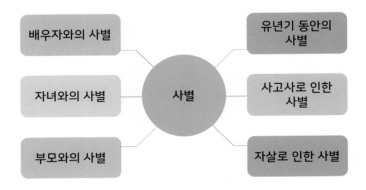

_____

_____

_____

_____

_____

_____

_____

_____

애도의 용어

Loss	인간이 가치 있다고 생각하는 어떤 대상을 가까이 할 수 없게 되거나 혹은 더 이상 가치를 두는 어떤 것을 유지하거나 얻는 데 실패하여 목적을 달성할 가능성이 없게 변경되는 실제적 혹은 잠재적인 상황
BEREAVEMENT	'사별한 상태', '강탈당한', '가치 있는 무엇을 박탈당한 ' 의 뜻으로 의미 있는 사람의 죽음이나 상실로 인해 발생한 객관적 상태
Grief	사별보다 광범위한 의미로서 한 상태를 나타낸다기 보다는 죽음에 대해 보이는 감정적, 인지적, 기능적, 행동적 반응을 의미
Mourning	상실에 대한 정서적 고통의 반응으로 애도 보다 더 많은 것을 포함. 장례나 문상과 같이 사회적 문화적 의미를 담은 의례의 영향을 받아 행동으로 애도가 드러나게 되는 것을 의미

애도의 이해와 개입

애도의 역학

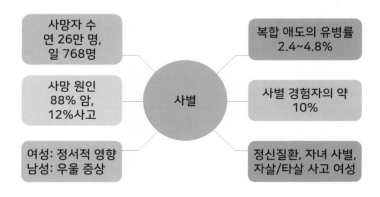

애도의 특성

개인의 독특성	시간-영구적 과정	애도개입의 방법
애도의 우울증	양가감정	대인관계

애도의 과정

정상적 애도
(Grief)

복합 애도
(Complicated grief)

- 상실 이후 슬픔기간 6개월~1년
- 고인이 없는 삶에 적응 노력
- 현실에 대한 이해
- 슬픈 감정, 수면 곤란, 초조, 일상업무 능력 감소의 증상을 겪으나 2~4개월 후에 자연스럽게 사라짐
- 기일이나 기념일에 다시 사별 직후의 극심한 심리적 고통이 찾아 올 수 있으나 시간이 지나면서 일상으로 돌아옴
- 정상적인 비탄에서도 우울증을 동반할 수 있음

- 고인과 관련된 물건이나 장소에 마음이 쓰임
- 고인의 죽음 이후 많은 시간 외로움을 느낌
- 고인에 관한 생각에 사로잡혀 평소에 하던 일을 못 함
- 고인의 죽음을 받아들일 수 없음
- 고인의 죽음에 대해 화가 나는 것을 참을 수가 없음
- 고인의 죽음 이후에 사람들을 믿기 힘듦
- 고인이 생각하는 것을 피하기 위해 노력함
- 고인의 목소리가 들림
- 고인이 내 앞에 서있는 것을 봄
- 추가 연구가 필요하다는 조건을 달고 DSM-5에 '지속성 복합 애도장애'라는 진단명 수록 (APA, 2013)

애도 이론

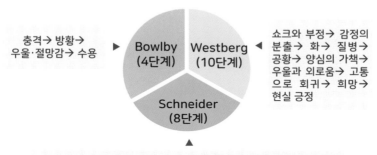

충격→ 방황→
우울·절망감→ 수용

Bowlby
(4단계)

Westberg
(10단계)

쇼크와 부정→ 감정의
분출→ 화→ 질병→
공황→ 양심의 가책→
우울과 외로움→ 고통
으로 회귀→ 희망→
현실 긍정

Schneider
(8단계)

상실의 초기 지각→ 버티는 것→ 놓아줌→상실의 범위에 대한 자각→
상실에 대한 시각 획득→ 상실의 해결→ 성장의 맥락에서 상실의 재구성
→ 새로운 애착단계로의 전환

_____

_____

_____

_____

_____

_____

애도 이론

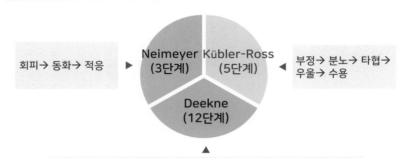

회피→ 동화→ 적응

Neimeyer (3단계) Kübler-Ross (5단계)

부정→ 분노→ 타협→ 우울→ 수용

Deekne (12단계)

정신적 타격과 마비상태→ 부인→ 패닉→ 분노→ 적의와 원망→ 죄의식 → 공상과 회상→ 고독감과 억울함→ 정신적 혼란과 무관심→ 체념과 수용→ 새로운 희망→ 회복

_____

_____

_____

_____

_____

_____

애도 이론_Neimeyer의 Process of grieving 3단계

회피
(Avoidance)
충격, 무감각, 공황, 혼란 등 감당
하기 어려운 현실을 피하는 반응

동화
(Assimilation)
상실의 영향을 받아들이면서 충격과 회피와 연관된 분노
표출. 외로움, 슬픔, 울음, 수면장애, 식욕저하, 동기 상실,
우울증세, 환각증상, 신경과민, 숨 막힘, 소화장애 등

적용
(Accommodation)
죽음의 현실을 수용하기 시작하면서 슬픔과
외로움이 지속. 정서적 자기 통제감 재수립,
정상적인 수면, 식용습관 등.
"두 걸음 앞으로 한 걸음 뒤로 "

이중 과정 모델(Dual Process Model, DPM)

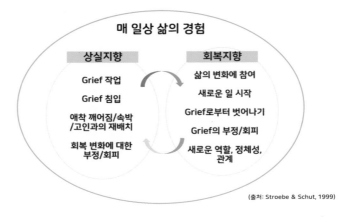

(출처: Stroebe & Schut, 1999)

_____

_____

_____

_____

_____

_____

02

상실로 인한 애도 반응

애도과정에서 반응

정서적
반응

인지적
반응

- 슬픔
- 분노
- 죄책감과
  자기비난
- 불안
- 외로움

- 피로감
- 무기력
- 그리움
- 해방감
- 안도감
- 멍함(무감각함)

- 고인에 대한 생각에 몰두하거나 자신도 모르게 고인이 갑자기 문득문득 떠오르는 침투적 사고
- 상실로 인한 충격으로 절망감과 자기 비난
- 주의집중의 어려움과 결정의 어려움
- 삶과 죽음의 의미에 대해 고민하고 기본적인 영적 신념의 혼란

애도과정에서 반응

**행정적
반응**

- 식욕상실, 수면장애로 인한 신체화 증상
- 배 속이 텅 빈 것 같은 헛헛함
- 가슴이 답답하게 조이는 느낌으로 병원에 자주 가게 됨
- 목이 갑갑하고 졸리는 느낌, 숨이 가빠지고 어떤 때는 숨이 안 쉬어지기도 함
- 한숨을 자주 쉬며 소음에 과민
- 자신이 낯설게 느껴지는 이인증의 현상
- 언어장애로 근육이 약해짐
- 입 안이 자주 마르고 에너지가 많이 딸리는 느낌
- 얼빠진 행동을 하거나 고인을 찾아 다니며 소리지름
- 고인을 생각나게 하는 것을 피함
- 고인에 대한 잦은 꿈
- 울거나 쉬지 않고 과잉행동을 함
- 고인의 유물을 간수하거나 다른 사람에게 더 의존
- 고인과 함께 했던 특정 장소를 방문하거나 고인의 물건을 지님
- 흥미 상실 및 대인관계가 위축
- 사회적 철수와 은둔생활

위기개입자의 역할

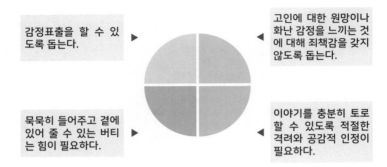

감정표출을 할 수 있도록 돕는다.

고인에 대한 원망이나 화난 감정을 느끼는 것에 대해 죄책감을 갖지 않도록 돕는다.

묵묵히 들어주고 곁에 있어 줄 수 있는 버티는 힘이 필요하다.

이야기를 충분히 토로할 수 있도록 적절한 격려와 공감적 인정이 필요하다.

애도 다루기

상실한 사람들의 남은 과제 함께 다루기	상실 받아들이기, 고통스러운 비탄 겪어내기, 변화된 환경에 적응하기, 마음에서 떠나 보내고 계속 살아가기
충분히 표현하도록 돕기	분노, 원망 등을 표출하여 감정이 정화되는 효과를 경험하게 함
새로운 의미 추구	상실의 충격과 고통을 극복하고 성장을 이루기 위해 새로운 삶의 의미와 가치 발견
새로운 이야기 쓰기	고인과 자신의 인생에 대한 이야기를 다시 보고 재구성함
사회적 자원 활용하기	장례식, 기일과 추도식 등 특별한 의식을 통한 도움, 사별 가족모임, 애도 상담 등

애도의 이해와 개입

03

애도 위험성 평가 및 분류

_____

_____

_____

_____

_____

_____

애도 개입의 목적

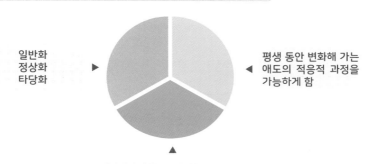

일반화
정상화
타당화

평생 동안 변화해 가는
애도의 적응적 과정을
가능하게 함

애도의 과정, 구성요소, 예측 할
수 있는 결과들에 대한 정보제공

애도 위기 평가

직접적 평가	• TTMoB를 기초로 한 평가 • 인지적 평가 • 이차적 증상 평가
간접적 평가 (심리검사활용)	• 상실 경험 체크리스트 • 삶의 스트레스 경험 통합 척도 • 사건충격 척도 • 간이증상도구 • 대인관계 문제 검사 (KIIP-SC) • BDI- II • 자살생각 척도 • 사회적 지지 척도

직접적 평가

ASSESSMENT BASED ON TTMoB

이름, 연락처 등 ▶

신상정보

Track I
기능적 관점

Track II
관계적 관점

- 구성요소 기술:
  관계의 질과 특성
- 다양한 구성요소의
  현존 혹은 크기의
  정도, 강도는 치료
  과정에서 재평가 이
  뤄져야 함 ▶

- 구성요소:
  불안정, 불안, 우울
  그리고 수면의 어려
  움, 무망감
- 일을 포기하는 등
  기능의 붕괴에 따르
  는 극도의 슬픔이
  결합되는 것

◀

※ 두 Track의 중심을 결정하기 위해 TTMoB를 적용하는 것은
인지적이고 감정적인 요소를 확인하게 해줌

애도 위기 평가

인지적 평가

- 이야기를 주의 깊게 듣기, 언어 사용하기, 한숨, 침묵, 비언어적 요소(표정, 행동, 눈물)가 중요 → 인지, 감정과 관련된 것에 대한 탐색을 통해 구체화
- 질문을 통한 탐색은 B-C의 감정 혹은 신체적 결과와 연결된 사고를 이끌어냄
- 상실경험자의 구체적인 관점을 끌어내고 역기능적 신념들을 확인하기 위한 구체적인 평가(A)
- 인구통계학적 정보를 수집하고, 자신과 타인, 세상에 대한 스키마와 추정을 강조해야 함: 비합리적인 신념(B)
- 구체적인 감정의 결과(C)

애도 위기 평가

인지적 평가

- 인지와 감정의 결과들을 평가하는 것은 구체적으로 죽음을 탐색하는 것이 카타르시스적 효과를 가질 수 있음
- '이야기'를 하는 것은 그 죽음에 대해 어떻게 느꼈는지에 대한 개인의 해석과 내담자가 합리적 그리고 비합리적 사고를 표현하기 위한 기회를 제공하는 것임
- 개입의 초점으로 관찰된 회피행동은 여러 가지 생각들과 연관되어 있음
- 이러한 생각은 정서적 결과에 따라서 합리적인가, 비합리적인가에 대해 평가함
- 무엇이 개입 과정을 결정할 행동적 혹은 신체적 결과 뒤에 숨어 있는 사고인가?
- PTSD 경험의 위험은 갑작스러운 죽음이나 폭력 후의 침투, 회피, 각성과 같은 증상들을 평가하는 동안 특별한 주의가 요구됨
- 애도 개입에서 이러한 증상들의 의미는 사람마다 다른 기능을 가지고 있으므로 주의 깊은 평가를 필요로 함
- 묘지를 가는 것은 고인을 기억하는 방법으로 인식되는 한편, 어떤 사람들은 이러한 행동이 애도의 고통을 증가시키는 것으로 인식되어져서 회피하게 됨
- 각각의 반응은 과거, 현재, 그리고 잃어버린 미래를 나타내는 이야기의 부분으로 평가될 필요가 있음

애도의 이해와 개입

애도 위기 평가

이차적 증상 평가

- 지속적인 회피 혹은 침투는 이차적 증상들에 대한 평가로 보여지는 왜곡된 인지들에 의해 유지되는 관찰된 반응들(증상들)임
- 상실경험자의 눈으로 보면 이러한 부분은 '맞는(right) 평가(고인이 마치 살아있다고 생각하는 것)이지만, 감정적 고통은 증가하고 덜 방해하는 선에서 다시 이야기(retelling) 하는 것을 못하게 할 수도 있음
- 이차적 증상을 평가하고 감정적 고통의 잠재적 증가에 대한 정보를 제공하는 것은 적응적 애도 과정이 가능하다면 필요함

> **탐색(불안)**
> 머리로는 남편이 죽은 것을 알겠어요. 매주 묘지도 가고, 그에게 말도 시키지만, 집에 그의 사진은 없어요. 주변에 그의 사진을 두지 않고, 비디오도 보지 않아요. 왜냐하면 그것들은 남편이 여기 없고, 살아있지 않다는 걸 상기시키기 때문이죠. 이러한 방법은 내가 그의 부재에 대한 끔찍한 고통을 피하는 길이에요.

애도의 이해와 개입

애도 위기 평가

애도 반응의 영향요인

- 고인과의 관계의 질
- 죽음을 둘러싼 상황
- 지지체계와 관련된 상황
- 독특한 성격
- 스트레스 대처 방식
- 문화적인 배경
- 종교적 또는 영적 배경
- 공존하고 있는 스트레스
- 이차적 상실
- 생물학적인 성
- 장례식 경험

상실 전 위험 요인

- 배경요인
  - 가까운 관계(배우자, 자녀)
  - 여성(특히 엄마)
  - 불안정 애착 유형
  - 상실 전 높은 결혼 의존도
- 죽음 관련 요인
  - 사별 과부화(연달은 상실)
  - 죽음에 대한 낮은 수용 정도
  - 잔인한 죽음(자살, 살해, 사고)
  - 병원에서의 죽음
- 치료 관련 요인들
  - 공격적인 의료 개입
  - 치료에 관련한 가족들의 갈등
  - 치료로 발생한 경제적인 어려움

해결되지 못한 Grief의 단서들(Lazare, 1989)

- 평정심을 잃지 않고 이전의 상실에 대해 얘기할 수 없으며, 고인에 대해 이야기할 때 항상 강렬하고 새로운 슬픔을 표현한다.
- 상대적으로 중요하지 않은 어떤 사건이 강렬한 애도 반응의 방아쇠 역할을 하여 격심한 사별 슬픔을 표현한다.
- 임상 면접 중에 상실로 인한 주제가 계속해서 나타난다.
- 고인이 소유했던 유품이나 관련된 것들을 버리지 못하는 것도 해결되지 못한 애도의 증상이기도 하지만, 판단 전에 문화적, 종교적 차이점의 요인을 분석해 봐야 한다.
- 고인이 주기 전에 앓았던 것과 똑같은 증상을 앓고 있다고 말한다.
- 사망 이후에 생활방식이 급격히 변화했거나, 중요한 친구들, 가족 구성원들, 여러 가지 활동, 고인과 관련된 장소를 방문하는 것 등을 회피한다.
- 상실 이후 장기간의 우울, 지속적인 죄책감과 저하된 자존감을 표현한다.
- 고인의 행동을 모방하려는 충동을 강하게 나타낸다.

애도의 이해와 개입

해결되지 못한 Grief의 단서들(Lazare, 1989)

- 자기 파괴적인 충동이나 자살의도가 분명하게 나타난다.
- 매년 고인과 나누었던 특정한 시기에 주체할 수 없는 슬픔이 나타난다.
- 상실경험자가 고인을 괴롭혔던 특정한 질환이나 죽음에 대한 공포를 보인다.
- 애도자가 죽음과 관련된 의식이나 활동을 분명하게 회피한다.
- 죽음을 둘러싼 사건들을 강박적으로 재구성하려고 한다.
- 죽음의 시점에서 고인과의 관계에서 무엇이 일어나고 있었는지(대개는 부정적임)에 초점을 맞추고 관계 자체를 제외시킨다(좀 더 긍정적임).
- 계획 부족 또는 충동구매, 사기당할 가능성이 높거나 재정적 문제로 인해 주태이나 금전이 상실되는 것과 같은 2차 상실이 있다.
- 사망이 사람에 의해 일어났다며 충동적이고 강박적으로 비난하고 책임을 지우려고 한다.

애도의 이해와 개입

애도 위기 평가

정상적 애도

- 죽음에 대한 이해
- 슬픔 감정 표현
- 수면 곤란
- 초조
- 일상 업무 수행 능력
  의 감소

복합성 애도

- 지연된 애도
- 위장된 애도
- 과장된 애도
- 만성화된 애도

급성단계 애도

- 이전의 상실 경험이 있는 경우
- 끔찍한 사고로 인한 죽음으로
  시신을 직접 본 경우
- 지연된 애도
- 역기능적 신념으로 인해 고인
  과 관련된 것들로부터 회피하
  거나 호흡곤란이나 심장이 두
  근거림 등의 증상을 보일 경우

애도 위기 평가

복합 애도 진단

- 반복적인 상실 경험을 가지고 있다.
- 사별 기간 내의 부적절한 애도 증상을 보인다.
- 죽음에 대한 회피행동을 보인다.
- 의미 있는 날짜를 전후하여 나타내는 주위의 증상들이 있다.
- 죽음을 야기할 만한 병에 대한 공포가 있다.
- 사랑하는 사람이 죽었을 때의 환경을 그대로 유지하고 있다.
- 사별 기간 동안 가족 또는 다른 사회적 지지가 거의 없다.

급성 애도 진단

- 이전의 상실 경험이 있는 경우
- 끔찍한 사고로 인한 죽음으로 시신을 직접 본 경우
- 지연된 애도
- 역기능적 신념으로 인해 고인과 관련된 것들로부터 회피하거나 호흡곤란이나 심장이 두근거림 등의 증상을 보일 경우

급성 단계

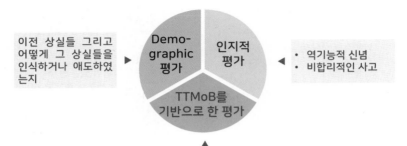

이전 상실들 그리고 어떻게 그 상실들을 인식하거나 애도하였는지

Demo-graphic 평가

인지적 평가

• 역기능적 신념
• 비합리적인 사고

TTMoB를 기반으로 한 평가

• Track I 요소로 일할 때 기능적 어려움이 있음. 불안, 수면의 어려움, 고인을 상기시키는 것들로 부터의 회피 등의 증상
• Track II 의 관계적 요소인 고인과의 사별 경험의 내적 관계의 강도가 높고 지속되는 경우

급성단계의 개입 목표

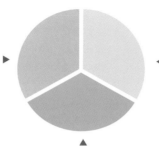

역기능적, 비합리적 신념과 감정, 행동. 신체적 증상평가 ▶

◀ 적응적인 인지, 정서 행동, 생리적 애도 반응을 교육하고 훈련

▲

고인과의 유대감을 지속하기 위한 방법 찾기(추억, 유품, 기념일 등)

애도 급성 단계 평가 및 개입

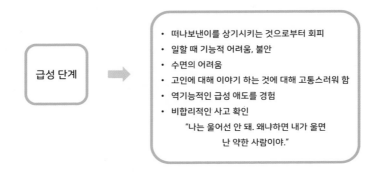

급성 단계 →

- 떠나보낸이를 상기시키는 것으로부터 회피
- 일할 때 기능적 어려움, 불안
- 수면의 어려움
- 고인에 대해 이야기 하는 것에 대해 고통스러워 함
- 역기능적인 급성 애도를 경험
- 비합리적인 사고 확인
  "나는 울어선 안 돼. 왜냐하면 내가 울면
  난 약한 사람이야."

애도 급성 단계 평가 및 개입

급성 단계 ⟹

- 역기능적, 비합리적 신념과 감정(불안), 행동(회피), 신체적 결과들(호흡곤란, 심장이 두근거림)을 확인함
- 신념(B)과 결과(C) 사이의 관계를 설명하고 올바른 정보를 제공함으로써 착오적 생각을 수정함
- 개인의 구체적인 결과들을 확인하고 평가함
- 적응적인 인지, 정서, 행동, 생리적 애도 반응들을 교육하고 훈련함
- 산산이 부서진 이야기를 재진술하게 하는 방법을 찾도록 지원
- 고인과의 유대감을 지속하기 위한 방법을 찾음(추억, 유품, 기념일 등)

복합성 애도 평가 및 개입

복합성
애도

➡️

- 정상적인 애도의 범위보다 심각
- 애도 기간이 지속될 때
- 기능 회복에 어려움이 있을 때
- 상실에 대한 적절한 애도를 표현할 수 없을 때
- 지속적이고 고통스러운 갈망, 심각한 분리불안의 발작, 막을 수 없는 강렬한 생각, 외로움과 공허감의 증가, 고인과 관련된 일을 과도하게 회피, 일에 대한 흥미 상실, 수면, 식사 등 일상생활이 문제
- 우울증상, PTSD 증상, 공황장ㅇ 증상이 동반할 때

복합성 애도 평가 및 개입

복합성
애도

- 일반적인 과정과 인지, 정서 관계에 대한 정보 제공
- SUDS(subjective units of distress): 정서적 고통 측정
- 상실을 현실로 받아들이기
- 충분한 표현하도록 돕기
- 새로운 의미 추구
- 사회적 지원

애도의 이해와 개입

04

애도 위기개입
(SAFER-R MODEL)

위기개입 모델

SAFER-R MODEL

| 안정화 (stabilize) | 위기 인정하기 (acknowledge the crisis) | 이해 촉진하기 (facilitate understanding) | 효과적인 대처권장하기 (encourage effective coping) | 회복/의뢰 (recovery / referral) |

(Everly, 1996)

기본적인 애도위기 개입

S	위기개입자 소개, 비밀보장, 진행과정에 대해 이야기하기
A	현재 상황, 감정을 이야기하기, 애도위기 평가
F	정상화/타당화 하기, 상황에 대한 반응의 이해와 탐색
E	이전의 대처전략, 현재 대처자원 탐색, 외부 지지세력 확인
R	정보제공, 전문가에게 의뢰, 추후관리 계획

사례 1

> 박○○ 씨는 막내아들의 교통사고로 한 달간 휴가를 낸 상태였다. 이제 다음 주부터 복귀
> 를 해야 하는데 일을 하기에 힘든 상황이어서 ○○상담센터에 도움을 요청했다. 그래서
> 위기팀으로 의뢰되었다.
>
> "아들이 교통사고로 죽었어요. ○○이는 자식 셋 중에 막내였어요. 그 아이는 매우 예민하
> 고 불안증세가 있었지만 제게는 세상에 하나밖에 없는 아들이지요. 최근에 지방의 고등학
> 교에 들어가게 되면서 불안증세가 많이 나아졌어요.그러면서 저와 가까워지기 시작했고
> 아들과 함께 있는 시간을 즐기게 되었어요. 아들이 주말에 집에 오면 함께 많은 시간을 보
> 냈어요. 저에겐 너무 행복한 시간이었어요. 그래서 더 고통스럽고 슬퍼요. 아들이 죽고, 저
> 는 많이 울어요. 울음을 멈추고 싶은데, 멈출 수가 없네요. 저는 항상 강하고 이성적이었는
> 데, 이런 내 모습을 보면 점점 약해지고 있구나 느껴요. 제 자신을 제 마음대로 통제할 수
> 없다는 게 참기 힘들어요. 남편은 아무 말 없이 오히려 지금의 상황을 정리하고 있어요.

위기개입(S: 안정화)

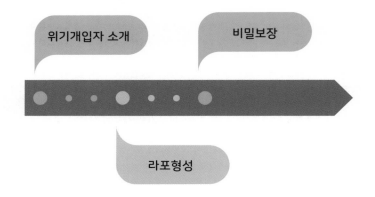

위기개입(S: 안정화)

안녕하세요. 저는 △△입니다. 오늘 박○○ 씨의 이야기를 듣고 도움이 되어 드렸으면 합니다. 오늘 박○○ 씨와 나누는 대화의 내용은 비밀을 보장합니다. 다만, 자신과 타인을 해치는 것 혹은 법에 위배되는 것과 관련된 것은 비밀을 보장할 수 없습니다. 그것은 박○○ 씨를 보호하려는 것입니다. 편안하게 말씀하세요. 저와 이야기를 나누면서 무엇이 필요한지 어떤 것이 도움이 될지 찾아보도록 하지요. 제가 옆에서 돕겠습니다.

위기개입(S: 안정화)

- 위기개입자: "저와 이야기를 나누면서 무엇이 필요한지 어떤 것이 도움이 될지 찾아보도록 하지요. 제가 옆에서 돕겠습니다. 어떻게 오시게 됐는지 말씀해 주시겠어요?"
- 상실경험자: "한 달 전에 막내 아들이 교통사고로 죽었어요."
- 위기개입자: "정말 힘든 일이 있으셨네요" "그때 상황을 좀 더 자세히 이야기 해 주실 수 있으시겠어요?" "이야기하시다가 힘들거나 불편하시면 말씀하세요. 쉬었다 하셔도 됩니다."
- 상실경험자: "○○이는 매우 예민하고 불안증세가 있었지만 제게는 세상에 하나 밖에 없는 아들이었지요. 최근에 지방 고등학교로 전학하면서부터 불안이 없어지고 저랑 친구처럼 지냈어요. 아들과 지내는 시간을 정말 즐거웠거든요(흐느낌)."
- 위기개입자: "(휴지를 건네며) 아들과 사이가 좋아졌을 때 아들의 죽음 소식을 듣게 되어 더욱 힘드셨겠어요." (중략)

애도의 이해와 개입

위기개입(A: 인정하기)

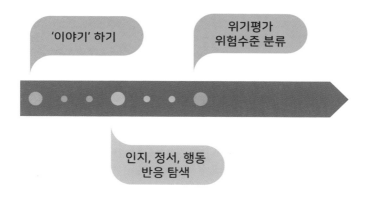

'이야기' 하기

위기평가
위험수준 분류

인지, 정서, 행동
반응 탐색

위기개입(A : 인정하기)

- 위기개입자: 아들 죽음 이후에 어떻게 지내셨는지 좀 더 자세히 말씀해 주시겠어요"
- 상실경험자: "장례를 치르고 주로 집에 있었는데, 한없이 눈물이 났어요. 멈출 수가 없었어요. 제 마음대로 되질 않아요(눈물을 흘림)."
- 위기개입자: "당연히. 박○○ 씨는 보물 같은 아들을 잃었어요. 그런 감정과 슬픔을 경험하는 것은 자연스럽고 정상적인 일이에요. 박○○ 씨의 생각과 느낌을 말씀해 주시는 것은 박○○ 씨에게도 도움이 될 거예요. 오늘 저를 만난 이유이기도 하지요. 아무도 박○○ 씨 상처를 지울 수 없고, 아들을 데려다 줄 수 없어요."
- 상실경험자: 그렇다는 걸 알기 때문에 더 힘들어요(흐느낌).

애도의 이해와 개입

위기개입(F: 이해 촉진하기)

_____

_____

_____

_____

_____

위기개입(F: 이해 촉진하기)

- 위기개입자: "지금 좀 어떠세요?"
- 상실경험자: "휴가가 끝나서 출근을 해야 하는데…. 자꾸 눈물이 나니까 제 자신이 점점 약해지고 있는 것 같아요. 이런 나약한 내가 이해가 안 돼요."
- 위기개입자: "눈물이 나는 것은 자연스럽고 정상적인 반응이예요. 눈물을 흘린다고 해서 약한 건 아니에요."
- 상실경험자: "남편은 오히려 울지 않아요. 그래서 내가 우는 모습을 보이는 게 싫어요."
- 위기개입자: "남편이 울지 않는다고 해서 고통스럽지 않은 건 아닐 거예요. 박○○ 씨와 같은 마음일 거예요. 지금 현재 어떤 점이 박○○ 씨를 가장 힘들게 하나요?

위기개입(F: 이해 촉진하기)

- 상실경험자: "오늘 주말인데 아들이 올 것만 같았어요. 하지만 오지 않았어요(눈물을 흘림). 너무 슬퍼요." "저는 항상 강하고 이성적인 사람이라고 생각했었는데 눈물이 나니까 점점 약해지고 있다고 느껴져요. 그리고 스스로에게 울면 안 된다고 다짐을 해요."
- 위기개입자: "울고 싶은 만큼 충분히 우셔도 됩니다. 그리고 지금 눈물이 나는 것은 너무나 자연스러운 일이에요. 마음이 가는 대로 느끼시면 좋을 것 같습니다."

위기개입(E: 효과적인 대처 권장하기)

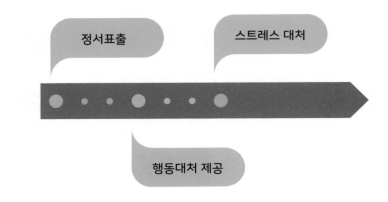

위기개입(E : 효과적인 대처 권장하기)

- 위기개입자: "말씀하기 힘드셨을 텐데 이야기 해 주셔서 감사합니다. 혹시 예전에 힘든 일이 있으셨을 때 어떻게 대처하셨나요?"
- 상실경험자: "주로 힘든 일이 있을 때는 참았던 것 같아요."
- 위기개입자: "아, 그러셨군요. 참는 것도 하나의 방법이긴 하지요. 지금의 슬픔을 어떻게 헤쳐나갈지 방법을 함께 찾아보면 어떨까요? 아들이 없는 상황이 변하지 않는 한 바뀔 것이 없다는 생각도 드실 거예요. 너무 힘들 땐, 아무 생각이 나지 않을 수도 있어요. 조금만 더 시간을 가지고 생각해 보면 다른 방법이 생각 날 수도 있을 거예요. 제가 옆에서 도와드리겠습니다."

위기개입(R: 회복/의뢰)

지속적 도움을
받도록 격려

사회적 네트워크 형성
정보 제공, 의뢰

자기모니터링
방법 제공, 평가

위기개입(R: 회복/의뢰)

- 위기개입자: 혹시 지금 박○○ 씨를 가장 잘 이해해 줄 만한 사람이 주위에 있나요?

- 상실경험자: 남편과 이야기 하고 싶은데 남편은 아들에 대해 이야기 하는 것을 싫어해요.

- 위기개입자: 그러시군요. 남편과 아들에 대해 이야기하는 게 도움이 됩니다. 다음 주에 한 번 더 만날 수 있는데 그때 남편과 같이 오시면 좋을 것 같습니다. 어떠세요? 처음 왔을 때 힘들었던 마음이 조금은 줄어든 것 같으세요?(10에서 7정도) 이후 상담을 더 원하시면 상담센터를 소개해 드릴게요. 상담을 지속적으로 받으시면 안정을 찾는 데 많은 도움이 되실 겁니다.

[DO'S]

- 상실경험자와 소통하는 문을 열어라.

- 고인을 언급하고, 사망 사실을 알고 있다고 밝혀라.

- 상실경험자의 말을 경청하고 그 반응을 타당화하고 정상화하라.

- 상실경험자와 대화 시, 대화시간의 80%를 듣고 20%를 말하라.

- 상실경험자에게 실제적인 도움이 필요할 때에는 그것을 제공하는 데 주저하지 말라.

- 상실경험자의 이야기에 인내심을 가져라.

_____

_____

_____

_____

_____

_____

[DO'S]

- 당신의 상실과 그에 대해 어떻게 적응했는지 말하라.

- 상실경험자를 위해 거기에 있으라.

- 어깨를 감싸거나 안는 것처럼 적당한 신체적 접촉을 사용하라.

- 애도 과정에서 미래의 거친 지점을 예상하라.

- 도움을 줄 때는 구체적으로 제공하라.

- 애도는 한 과정임을 기억하고 사건이 끝나고 한참이 지나도 상실경험자에게 지지가 계속적으로 필요함을 잊지 말아라.

애도의 이해와 개입

[DON'TS]

- 상실경험자를 역할 속으로 떠밀기
- "당신이 어떻게 느낄지 알아요."라고 말하기
- '시간이 약이다.', '모두 다 지나가리라.', '신은 신비한 방식으로 일하신다.' 등의 상투적이고 진부한 위로를 사용하기
- 다른 사람들과 애도 방식을 비교하기
- 큰 삶의 변화를 격려하기
- 조언하거나 설교하기
- '죽은 아이를 대신할 아기를 가져요.' 등 잃은 것을 대체하라고 제안하기
- 상실경험자에게 무엇을 해야만 하는지를 말하기

[DON'TS]

- 상실경험자에게 무엇을 해야만 하는지를 말하기

- 애도 작업을 서두르기

- '무엇이든 필요하면 전화하세요.'라고 말하기

- "바쁘게 사는 게 최적의 방법이에요." 라고 말하기

애도의 이해와 개입

부록

현장에서의
위기개입의 실제

애도 위기영역

  애도 위기 개입 사례 영상

• 김상실 씨는 동생의 사고로 인해 한 달간 휴가를 낸 상태였다. 이제 다음 주부터 복귀를 해야 하는데 일을 하기에 힘든 상황이어서 ○○상담센터에 도움을 요청했다.

• 남동생이 교통사고로 죽었어요. 동생은 막내였어요. 그 아이는 매우 예민하고 불안증세가 있었지만 제게는 세상에 하나밖에 없는 동생이죠. 학교 적응을 힘들어해 최근 지방의 고등학교로 전학가게 되었는데, 그때부터 불안증세가 많이 나아졌어요. 그러면서 저와 가까워지기 시작했고 동생과 함께 있는 시간을 즐기게 되었어요. 동생이 주말에 집에 오면 함께 많은 시간을 보냈어요. 저에겐 너무 행복한 시간이었어요. 그래서 더 고통스럽고 슬퍼요. 동생이 죽고, 저는 많이 울었어요. 울음을 멈추고 싶은데, 멈출 수가 없어요. 저는 항상

강하고 이성적이었는데, 이런 내 모습을 보면 점점 약해지고 있구나 라고 느껴져요. 제 자신을 제 마음대로 통제할 수 없다는 게 참기 힘들어요.

※ SAFER-R M ODEL 개입

안정화 단계(stabilize)

- **위기개입자**: 안녕하세요. 만나 뵙게 되어 반갑습니다. 저는 ○○상담센 터 상담활동가 ○○○입니다. 오늘 김상실 씨의 이야기를 듣고 도움이 되어 드렸으면 합니다. 김상실 씨와 나누는 대화의 내용은 비밀을 보장 합니다. 다만, 김상실 씨를 보호하는 차원에서 자신과 타인을 해치는 것 혹은 법 위배와 관련된 것은 비밀을 보장할 수 없습니다. 편안하게 말씀하세요. 저와 이야기를 나누면서 상실 씨에게 무엇이 필요한지 어 떤 것이 도움이 될지 함께 찾아보도록 하지요. 제가 옆에서 돕겠습니다. 우선 어떻게 오시게 됐는지 말씀해 주시겠어요?

위기인정 단계(acknowledge the crisis)

- **상실경험자**: 한 달 전에 하나밖에 없는 남동생이 교통사고로 죽었어요.
- **위기개입자**: 정말 힘든 일이 있으셨네요. 그때 상황을 좀 더 자세히 이야 기해 주실 수 있으시겠어요? 이야기하시다가 힘들거나 불편하시면 말씀 하세요. 쉬었다 하셔도 됩니다.
- **상실경험자**: ○○이는 예민하고 불안증세가 있었지만 제게는 세상에 하 나밖에 없는 남동생이에요. 학교 적응을 힘들어해 최근에 지방 고등학 교로 전학했는데, 그때부터 동생의 불안이 없어지고 저랑은 친구처럼

지냈어요. 동생과 지내는 시간이 정말 즐거웠거든요(흐느낌).

−위기개입자: (휴지를 건넨다)…. 동생과 사이가 좋아져 즐겁게 지낼 때 동생의 죽음 소식을 듣게 되어 더욱 힘드셨겠어요. 지금 많이 힘드실 텐데 힘든 정도를 1~10이라고 하고 가장 힘든 상태가 10이라고 할 때 김상실 씨의 힘듦이 어느 정도일까요?

−상실경험자: …. 이 보다 더 힘든 일이 있을까요? 당연히 10이죠.

−위기개입자: 그러시죠. 사랑하는 동생을 잃은 그 마음이 어떠실지…. 얼마나 힘드실지 짐작조차 할 수 없네요. 상실 씨의 힘든 심정을 제가 다 이해할 수는 없지만 오늘 저와 이야기를 나누는 것이 그 힘듦을 낮추는 데 도움이 될 거예요. 동생의 죽음 이후에 어떻게 지내셨는지 좀 더 자세히 말씀해 주시겠어요?

−상실경험자: 장례를 치르고 나서 주로 집에만 있었어요. 아무 것도 하기 싫고 모든 게 부질없어 보이고…. 한없이 눈물만 났어요. 멈출 수가 없어요. 제 마음대로 되질 않아요(눈물을 흘림).

−위기개입자: 당연히 그러시죠. 김상실 씨는 하나밖에 없는 동생을 잃었어요. 그렇게 힘든 일을 겪었는데 그런 감정과 슬픔을 경험하는 것은 자연스럽고 정상적인 반응이에요. 아무도 상실 씨 상처를 지울 수 없고, 동생을 다시 데려다 줄 수 없지만 상실 씨 생각과 느낌을 이 자리에서 솔직하게 말씀해주시는 것이 도움이 될 거예요. 그것이 오늘 저를 만난 이유이기도 하지요.

−상실경험자: 그렇다는 걸 알기 때문에 더 힘들어요(흐느낌).

−위기개입자: 지금 좀 어떠세요?

−상실경험자: 휴가가 끝나서 출근을 해야 하는데…. 나도 모르게 자꾸 눈물이 나니까…. 제가 점점 약해지고 있는 것 같아요. 이렇게 나약한 내가 이해가 안 돼요.

−위기개입자: 동생을 잃는 슬픔을 겪었는데…. 눈물이 나는 것은 자연스럽고 정상적인 반응이에요. 눈물을 흘린다고 해서 약한 것을 의미하지

애도의 이해와 개입

는 않아요.

- 상실경험자: 그럴까요…. 그런데 제가 우는 모습을 남들이 보는 게 싫어요. 부모님들도 많이 힘드시겠지만 저처럼 울고불고 하시진 않아요.
- 위기개입자: 울지 않는다고 해서 고통스럽지 않은 건 아닐 거예요. 짐작하건데 상실 씨와 같은 마음이지 않을까요…. 지금 현재 어떤 점이 가장 힘드신가요?
- 상실경험자: 오늘 주말인데 동생이 올 것만 같았어요. 하지만 오지 않았어요(눈물을 흘림). 너무 슬퍼요. 저는 항상 강하고 이성적인 사람이라고 생각했었는데 이렇게 눈물이 나니까 점점 약해지고 있다고 느껴져요. 그리고 스스로에게 이제 울면 안 된다고 다짐을 해요.

이해촉진하기 단계(facilitate understanding)

- 위기개입자: 울고 싶은 만큼 충분히 우셔도 됩니다. 그리고 지금 눈물이 나는 것은 너무나 자연스러운 반응이에요. 마음이 가는 대로 느끼시면 좋을 것 같습니다.
- 상실경험자: 그렇게 말씀해주시니 조금 위안이 되네요. 동생이 죽었다는 생각이 들 때마다 견딜 수 없어 정말 미친 여자처럼 소리치며 울었는데…. 이렇게 빨리 갈 줄 알았으면 좀 더 잘해 줄 걸…. 좀 더 사랑해 주지 못한 게 후회되어서…. 울면서도 내가 이러다 미쳐가는 게 아닌가 하는 생각을 했었어요.
- 위기개입자: 그러셨군요. 힘든 시간을 보내셨네요. 그런데 어느 누구도 상실 씨와 같은 일을 겪으면 그런 반응을 보일 거예요. 이상한 게 아니니 걱정하지 마시고 편안한 마음으로 말씀하시면 돼요.
- 상실경험자: 제가 미친 게 아니라니 한결 마음이 편해지네요.

효과적인 대처권장하기 단계(encourage effective coping)

- 위기개입자: 동생 죽음과 관련해서 말씀하기 힘드셨을 텐데 솔직하게 이
  야기해주셔서 감사합니다. 혹시 예전에 힘든 일이 있으셨을 때 어떻게
  하셨나요?
- 상실경험자: … 주로 힘든 일이 있을 때는 그냥 참았던 것 같아요.
- 위기개입자: 아 그러셨군요. 참는 것도 하나의 방법이긴 하지요. 그런데
  참는 것이 근본적인 도움은 되지 않을 수도 있어요.
- 상실경험자: 그런 것 같아요.
- 위기개입자: 누구나 너무 힘들 땐, 아무 생각이 나지 않을 수 있어요. 동
  생이 없는 상황이 변하지 않는 한 바뀔 것이 없다는 생각도 드실 거예
  요. 당연하게 들 수 있는 생각이지요. 그렇지만 방향을 조금만 바꾸어
  우리 함께 지금의 슬픔을 어떻게 헤쳐 나갈지 방법을 찾아보면 어떨까
  요? 제가 옆에서 도와 드리겠습니다.
- 상실경험자: 네. 저도 그래야만 한다는 건 알고 있지만 아직 쉽지는 않
  네요.
- 위기개입자: 혹시 지금 김상실 씨를 가장 잘 이해해 줄 만한 사람이 주
  위에 있나요?
- 상실경험자: 남편과 함께 이야기하고 싶은데 동생에 대해 이야기하는 것
  을 싫어해요.
- 위기개입자: 그러시군요. 남편이 동생에 대해 이야기 나누는 것을 왜 싫
  어한다고 생각하세요?
- 상실경험자: 잘 모르겠어요. 원래 자기표현을 잘 안 하는 사람이라…. 동
  생이 죽고 제가 그렇게 난리치는데도 말없이 묵묵히 옆에 있더라고요.
  지금 생각해보면 남편의 그런 점이 참 고맙네요.
- 위기개입자: 참 든든한 남편이시군요. 남편분과 같이 사랑하는 사람을
  잃었을 때 혼자만의 방식으로 겪어내는 경우도 있어요. 죽은 사람에 대
  해 이야기를 하지 못하게 하거나 혼자 마음속에 꼭꼭 숨겨놓거나….

- 상실경험자: 맞아요. 저는 이렇게 상담이라도 받지만 혼자 끙끙거리는 남편의 모습을 보면 서운하기도 하고 마음이 짠하기도 해요. 남동생을 저만큼 아꼈거든요.
- 위기개입자: 그러시군요. 그래서 제가 한 가지 제안을 드리고 싶은데요. 사랑하는 동생에 대한 이야기를 나누며 남편과 부모님과 함께 동생을 추억하는 것, 영원히 떠나보내는 것이 아니라 각자 마음속의 방에서 동생과 함께 살아가는 것이 가족 모두에게 매우 중요해요. 그래서 동생에 대해 이야기 나누는 것이 필요합니다. 다음 주에 한 번 더 만날 기회가 있는데 그때 가족과 꼭 같이 오시면 좋을 것 같습니다.
- 상실경험자: 네, 알겠습니다.

회복/의뢰 단계(recovery / referral)

- 위기개입자: 어떠세요? 처음에 왔을 때 힘들었던 마음이 조금은 줄어든 것 같으세요? 처음에 10이라고 하셨는데요.
- 상실경험자: …지금은 7정도요.
- 위기개입자: 음…. 기분이 좋은데요. 처음보다 힘든 마음이 3정도 줄어들었는데 그 이유가 무엇이라고 생각하세요?
- 상실경험자: 전 그저 막연하게 괜찮다고 생각했었는데 힘들었던 이야기를 하면서 '지금 내가 많이 힘들구나'라는 걸 깨달았어요. 그리고 내가 잘못된 게 아니라니 다행이고 이야기를 잘 받아주시니 마음이 후련하기도 하고…. 그래서 줄어든 것 같아요.
- 위기개입자: 힘든 마음이 조금은 줄어들어 다행입니다. 그럼 다음 주에 뵙고, 이후 상담을 더 원하시면 상담센터 혹은 병원을 소개해 드릴게요. 상담을 지속적으로 받으시면 심리적 안정을 찾는 데 많은 도움이 되실 겁니다.

저자 소개

육성필

고려대학교에서 심리학 석사를 마치고 서울대학교 정신과에서 임상심리학 레지던트 과정을 수료하고 고려대학교에서 임상심리학 박사를 받았다. 로체스터대학교의 자살예방연구소에서 박사후 과정을 하였다. 현재 용문상담심리대학원대학교 위기관리 전공 교수로 재직 중이다.

박혜옥

단국대학교 행정법무대학원에서 사회복지학과를 졸업하고 용문상담심리대학원대학교에서 위기관리전공 석사와 박사를 졸업하였다. 현재 한국노인상담연구소 선임연구원으로 재직 중이다.

김순애

용문상담심리대학원대학교 위기관리전공 석사를 졸업하고 위기관리전공 박사 과정 중이다. 현재 한국위기관리심리지원연구소 연구원으로 활동하고 있다.

위기관리총서 시리즈 7 −현장에서의 위기개입매뉴얼

애도의 이해와 개입

초판발행	2019년 2월 25일
지은이	육성필·박혜옥·김순애
펴낸이	노　현
편　집	김명희·강민정
기획/마케팅	노　현
표지디자인	조아라
제　작	우인도·고철민
펴낸곳	(주) 피와이메이트
	서울특별시 금천구 가산디지털2로 53 한라시그마밸리 210호(가산동)
	등록 2014. 2. 12. 제2018−000080호
전　화	02)733-6771
f a x	02)736-4818
e-mail	pys@pybook.co.kr
homepage	www.pybook.co.kr
	979-11-89643-17-1 94370
	979-11-89643-15-7 (세트)

copyright©육성필·박혜옥·김순애, 2019, Printed in Korea

정 가　　5,500원

박영스토리는 박영사와 함께하는 브랜드입니다.